Anne Steinwart

Schlaf-gut-Geschichten

Zeichnungen von Klaus Puth

Loewe

Die Deutsche Bibliothek – CJP-Einheitsaufnahme

Steinwart, Anne:
Leselöwen-Schlaf-gut-Geschichten / Anne Steinwart.
Zeichn. von Klaus Puth.
– 1. Aufl. – Bindlach : Loewe, 1996
(Leselöwen)
JSBN 3-7855-2828-0

Dieses Buch ist auf chlorfrei gebleichtem Papier gedruckt.

JSBN 3-7855-2828-0 – 1. Auflage 1996
© 1996 by Loewe Verlag GmbH, Bindlach
Umschlagillustration: Klaus Puth
Satz: Fotosatz Leingärtner, Nabburg
Gesamtherstellung: L.E.G.O. S.P.A., Vicenza
Printed in Jtaly

Jnhalt

Ein Stern für Anna

Judith hat es gut. Zwei Freundinnen dürfen heute bei ihr übernachten. Verena und Silke. Anna liegt im Bett und hört die drei nebenan leise reden und kichern.

Judith und ihre Freundinnen sind schon elf und gehen in die Realschule. Anna ist erst sieben.

„Bleib ja in deinem Zimmer", hat Judith zu Anna gesagt. „Wir wollen nicht gestört werden."

Verena und Silke haben Luftmatratzen und Schlafsäcke mitgebracht. Judith hat von ihrem Taschengeld Süßigkeiten, Teelichter, Chips und Orangensaft gekauft. Und zehn goldene Papiersterne. Die hat sie in ihrem Zimmer aufgehängt. Wunderbarschön sieht das aus, fast wie Weihnachten, denkt Anna.

Judith ist doof. Für ihre Freundinnen ist ihr nichts zu teuer, aber für Anna hat sie nicht ein Fitzelchen von all den schönen Sachen übrig. Noch nicht einmal einen Stern wollte sie Anna schenken. Obwohl Anna so darum gebettelt hat.

„Doofe, doofe Schwester", sagt Anna laut gegen die Wand, hinter der Judith und ihre Freundinnen sind.

Dann steht sie auf. Mama und Papa sitzen sicher noch im Wohnzimmer vor dem Fernseher. Vielleicht darf Anna eine Weile mitgucken. Schlafen kann sie jetzt sowieso nicht. Weil sie eine Stinkwut auf Judith hat und weil es noch gar nicht richtig dunkel ist.

Vorsichtig öffnet Anna die Wohn-zimmertür. Jm Fernseher läuft eine Sport-sendung.

„Ach Anna", sagt Mama und runzelt die Stirn. „Jch dachte, du schläfst längst."

„Judith schläft doch auch noch nicht", sagt Anna trotzig. „Jch will mit euch fernsehen."

„Das kommt überhaupt nicht in Frage", sagt Papa. „Du mußt morgen ausgeschlafen sein. Um halb acht fährt dein Schulbus."

„Und was ist mit Judith?" mault Anna. „Wieso muß sie nicht ausgeschlafen sein?"

„Judith hat morgen frei", stöhnt Mama. „Das weißt du doch. In der Realschule ist morgen Elternsprechtag."

„Ich will morgen auch freihaben", sagt Anna und stampft mit dem Fuß auf. „Ich will, ich will, ich will!"

„Und ich will, daß du sofort ins Bett gehst", sagt Mama energisch. „Es reicht jetzt."

„Das finde ich auch", sagt Papa. „Gute Nacht!"

Anna dreht sich wütend um und geht in ihr Zimmer zurück. Jmmer muß sie ins Bett, und alle anderen bleiben noch auf. Gemein ist das!

Von Judith und ihren Freundinnen ist zwar nur ein leises Gemurmel zu hören, doch sie werden bestimmt noch lange wach sein. Anna kuschelt sich unter die Bettdecke und weint ein bißchen. Über ihre doofe Schwester, über Mama und Papa und auch über sich selbst.

Anna weiß genau, daß sie sich eben blöd benommen hat. Mama und Papa können ja nichts dafür, daß Judith morgen schulfrei hat und Anna nicht. Aber sie hätten Anna auch nicht sofort wieder wegschicken dürfen.

Alle sind so gemein zu mir, denkt Anna. Alle lassen mich allein!

Da geht plötzlich langsam die Tür auf. Anna wischt sich schnell mit der Hand übers Gesicht und kneift die Augen zu. Keiner soll merken, daß sie noch wach ist. Keiner soll merken, daß sie geweint hat.

Anna atmet ganz gleichmäßig und spitzt die Ohren. Wer kommt da auf leisen Sohlen geschlichen? Mama vielleicht?

Nein, es ist Judith!

„Schlaf gut, kleine Meckerziege", flüstert Judith, legt etwas auf Annas Bett und huscht wieder hinaus.

Anna zählt bis zehn, dann öffnet sie gespannt die Augen. Wunderbarschön glänzt es im Halbdunkel auf ihrer Bettdecke! Das hat Anna sich fast gedacht.

Carlos Kino

Manchmal hat Carlo ein Kino im Kopf.
Abends zum Beispiel, wenn er nicht
einschlafen kann. Dann denkt er sich
irgendeinen Schnickschnack aus. Daraus
entwickelt sich wie von selbst eine
Geschichte, und Carlo erfindet die Bilder
dazu.

So wird aus dem Schnickschnack ein
Film, den kein anderer sehen kann. Der
Film läuft nur in Carlos Kopf, in seinem
eigenen Kino. Und meistens spielt Carlo
höchstpersönlich mit. Wie das funktioniert,
weiß er nicht. Aber es ist so. Das ist das
beste Kino der Welt, findet Carlo. Jeden
Abend gibt's einen anderen Film, und der
Eintritt ist frei!

Heute fängt der Film mit Carlos Zeige-
finger an. Der malt ein kreisrundes

Gesicht in die Luft. Carlo murmelt dazu:
„Pünktchen, Pünktchen, Komma, Strich,
fertig ist das Mondgesicht."

Das Gesicht sieht pfiffig und gut gelaunt
aus, der Mund lacht. Lautlos schwebt das
Gesicht davon. Am Fenster, in der Höhe
der Gardinenstange, bleibt es stehen.

„He, du-da-unten-im-Bett", sagt der
lachende Mund. „Warum schläfst du noch
nicht?"

„Keine Lust", antwortet Carlo. „Schlafen ist langweilig."

„Jch weiß etwas Besseres", sagt das Gesicht und kriegt im selben Augenblick Arme und Hände. Und ein Flattergewand. Das leuchtet so bunt wie der aller-schönste Regenbogen.

Carlo pfeift bewundernd durch die Zähne.

„Jch bin Mondgesicht", sagt der lachende Mund. „Ein Zauberer der Spitzenklasse. Wenn du willst, machen wir zusammen einen kleinen Nachtflug."

Carlo springt sofort aus dem Bett, nimmt seine Mütze vom Kleiderhaufen auf dem Stuhl und setzt sie auf. Ohne seine blaue Mütze geht er nie aus dem Haus.

„Startbereit", sagt er und guckt Mondgesicht gespannt an.

Der schließt seine Augen und flüstert:

Runkel Funkel
Mond und Dunkel
Regenbogen
soll sich biegen
Runkel Funkel
du kannst fliegen
Regenbogen
Himmelsleiter
aufwärts hoch
und immer weiter.

Carlo steht ganz still und wartet. Gleich wird der Spaß losgehen. Aber nichts geschieht. Überhaupt nichts!

„Ein bißchen Tempo", ruft Mondgesicht und wedelt mit den Armen. „Worauf wartest du noch?"

„Daß es losgeht", sagt Carlo. „Jch merke nichts."

„Du mußt wedeln", befiehlt Mondgesicht. „Kräftig wedeln und einfach losfliegen! So wie ich", fügt er kichernd hinzu und schwebt durch das offene Fenster hinaus und gleich wieder herein. Er sieht plötzlich nicht mehr pfiffig und gut gelaunt aus, sondern irgendwie hinterlistig.

Carlo wedelt mit den Armen, so kräftig, wie er nur kann. Seine Füße bleiben trotzdem, wo sie sind. Wie angeleimt kleben sie auf dem Holzfußboden fest.

Mondgesicht grinst spöttisch. Diese Sorte Grinsen mag Carlo ganz und gar nicht!

„Dein Zauberspruch war reine Angeberei",

sagt er böse. „Menschen können gar
nicht fliegen. Das weißt du genau, und
ich weiß es auch. Verschwinde!"

Mondgesicht grinst nur noch
spöttischer.

Da bewegt sich auf einmal Carlos

Mütze. Sie löst sich von Carlos Kopf,
steigt in die Höhe und gleitet langsam
auf Mondgesicht zu. Der packt sie mit
beiden Händen, setzt sie auf seinen Kopf,
und – pfffff – eine Viertelsekunde später
ist er spurlos verschwunden. Nicht das
kleinste Pünktchen bleibt von Mondgesicht übrig.

Carlos Mütze segelt noch eine Weile
durch die Luft, purzelt dann nach unten
und landet schließlich auf Carlos Kleiderhaufen. Der Wind schlägt mit einem Knall
das Fenster zu, der Film ist zu Ende.

„Alles Schnickschnack", brummt Carlo
enttäuscht.

Er hätte sich so gern fliegen gesehen. Aber der Trick mit seiner Mütze war echt super! Carlo grinst und rutscht ein Stück tiefer unter die Bettdecke.

„Vielleicht träume ich ja heute nacht vom Fliegen", murmelt er. „Mal sehn."

Lisa ist sonst nicht so

Es ist ganz still im Kinderzimmer. Mucksmäuschenstill. So still, daß Lisas Stofftiere anfangen zu reden.

„Jch fühle mich gar nicht gut", sagt der Hase. Seine Stimme klingt traurig. „Lisa hat mich heute in beide Ohren gekniffen."

„Und mich in den Rüssel", trompetet der Elefant. „Einfach so im Vorbeigehen." Er rülpst vor Entrüstung.

Der Affe kratzt sich am Hinterkopf, bevor er etwas sagt.

„Mich hat sie in den Bauch gepikst", erklärt er dann. „Und ‚blöder Affe' hat sie gesagt", fügt er hinzu und steckt beleidigt seinen rechten großen Zeh ins Maul.

„Mich hat sie überhaupt nicht beachtet", schnauft das Nilpferd. „Wie Luft hat sie mich behandelt. Komisches Mädchen!"

Der Löwe schüttelt seine Mähne. „Rotzfrech war sie, nicht komisch. Fünf Haare hat sie mir ausgerissen. Mir, dem König der Tiere!"

„Gib bloß nicht so an", piepst die kleine Maus. Sie ist immer sehr mutig. „Lisa hat uns heute alle mies behandelt. Warum sollte sie gerade dich bevorzugen? Als sie aus der Schule kam, hat sie mich beinahe zerquetscht. Weil sie ihre Schultasche durch die Gegend gepfeffert hat. Jch hätte mausetot sein können." Die kleine Maus seufzt einmal laut auf.

Der alte Bär sieht aus, als ob er angestrengt nachdenkt. Alle schauen zu ihm hin und warten auf seine Meinung. Er kennt Lisa schon lange. Länger als alle anderen.

„Tja", sagt er bedächtig. „Mich hat sie heute auch nicht angeguckt, und geredet hat sie auch nicht mit mir. Es muß etwas passiert sein. Lisa ist sonst nicht so. Das wißt ihr doch genausogut wie ich. Vielleicht müssen wir ein bißchen Geduld mit ihr haben ..."

Da springt Lisa mit einem Satz aus dem Bett. Sie hat alles gehört und gesehen.

Blitzschnell sammelt sie ihre Stofftiere

ein. Zuerst den alten Bären, dann die kleine Maus und den Löwen, das Nilpferd, den Elefanten, den Affen und den Hasen … Alle dürfen heute in Lisas Bett schlafen.

„Jch hatte großen Ärger in der Schule", sagt Lisa. „Darum war ich so schlimm. Aber jetzt machen wir es uns gemütlich. Jetzt bin ich wieder nett!"

Stefan nimmt sich etwas vor

Stefan liegt im Bett und gähnt. Er ist müde, aber nicht müde genug. Schlafen kann er noch nicht.

Mama hat ihm vorhin gute Nacht gesagt und ihn nur einmal rasch gedrückt. Sonst bleibt sie immer noch ein Viertelstündchen bei ihm sitzen. Doch heute hat sie keine Zeit. Sie muß morgen einen Artikel über den neuen Bürgermeister abgeben.

Mama arbeitet für eine Zeitung. Jetzt sitzt sie an der Schreibmaschine und tippt ziemlich laut. Ihr Computer streikt schon seit gestern.

Stefan überlegt, ob er noch lesen möchte. Nein, er hat keine Lust, er will lieber an Fatima denken. Das tut er in den letzten Tagen öfter.

Stefan schließt seine Augen und sieht

sie vor sich: Fatima mit den dunklen Wuschelhaaren.

Sie ist erst seit ungefähr einer Woche in Stefans Klasse. Aber es kommt ihm so vor, als ob er sie schon immer gekannt hat. Vielleicht, weil sie ein bißchen wie Momo aussieht. Den Film über Momo hat Stefan sich schon dreimal angeguckt. Einmal im Kino und zweimal im Fernsehen.

Fatima ist genauso hübsch wie Momo, und klug ist sie auch. Sie spricht perfekt deutsch und türkisch. Und berlinerisch oder wie man das nennt. Jn Berlin hat sie bis vor kurzem gewohnt.

Wenn Fatima lacht, gefällt sie Stefan am besten. Zuerst lachen ihre Augen, dann zieht sie die Nase kraus, und schließlich strahlt sie über das ganze Gesicht.

Heute ist sie in der großen Pause auf dem Schulhof beim Fangenspielen hinter Stefan hergelaufen. Er hat sich absichtlich fangen lassen, und sie hat ihn angestrahlt

wie die Frühlingssonne. Da hatte Stefan
ein ganz warmes Gefühl im Bauch. Er
möchte sich gerne mit ihr einmal nach-
mittags treffen und mit ihr allein spielen.
Ob sie das auch will?

Morgen frage ich sie, denkt Stefan. Was Benno dazu sagt, ist mir egal.

Benno war heute nicht in der Schule, weil er mit seinen Eltern zu einer Hochzeit von Verwandten gefahren ist. Wenn er dagewesen wäre, hätte Stefan sicher mit ihm gespielt und nicht mit den Mädchen. Benno ist Stefans bester Freund und findet alle Mädchen doof.

„Mit Mädchen kann man nichts anfangen", sagt er immer, und Stefan hat ihm bisher immer recht gegeben.

Die meisten Mädchen mag Stefan auch nicht besonders, doch Fatima ist eine Ausnahme. Eine große Ausnahme! Das muß Benno einsehen.

Stefan nimmt sich fest vor, morgen ein ernstes Wort mit Benno zu reden. Dann legt er sich auf den Bauch und streckt sich zufrieden aus. Das Geklapper von Mamas Schreibmaschine wird langsam leiser.

Katrin und der dicke Stein

Katrin hat keinen Appetit. Sie sitzt mit
Mama und Papa und Volker beim Abend-
brot. Es ist schon nach sieben, Mama ist
heute spät von der Arbeit gekommen.
Papa, Katrin und Volker haben mit dem
fertig gedeckten Tisch auf sie gewartet.

Katrin ißt ihr Käsebrot im Zeitlupen-
tempo. Jhr ist schrecklich elend zumute.
Ein dicker Stein drückt ihren Magen
zusammen. Oder ihr Herz oder ihre
Seele. Ganz genau weiß Katrin das nicht.
Auf jeden Fall ist da ein Stein, irgendwo in
ihr drinnen.

„Jch mag nichts mehr", sagt sie und
schiebt ihren Teller weg. „Jch glaube, ich
bin krank."

Den letzten Satz wollte sie gar nicht
sagen, den hat ihr Mund nur so dahin-

geredet. Mama und Papa gucken sie
erstaunt an.

Volker sagt: „Quatsch, du bist nicht
krank. Du siehst aus wie ein Turnschuh –
zerknautscht, aber fit und gesund."

Normalerweise würde Katrin ihm jetzt eins ihrer Bruder-Schimpfwörter an den Kopf werfen. Sie kann es nicht ausstehen, wenn Volker so tut, als ob er alles weiß. Heute abend hält sie den Mund. Volker ist ihr im Moment egal. Der Stein in ihr ist wichtig. Den will sie loswerden. Aber wie?

„Was fehlt dir denn?" fragt Mama.

„Halsschmerzen?" fragt Papa.

Katrin schüttelt den Kopf, beißt auf ihre Unterlippe und weiß nicht, wie sie es sagen soll. Sagen muß sie es, sonst kann sie nachher bestimmt nicht einschlafen.

„Sie will nur ein bißchen bedauert werden", sagt Volker. „Wie üblich!"

Nun wird Katrin wütend. „Halt deine Klappe", faucht sie, springt von ihrem Stuhl hoch und rennt aus der Küche.

Jn ihrem Zimmer wirft sie sich aufs Bett und starrt verzweifelt auf die gegenüber-liegende Wand. Weinen kann sie nicht, die Tränen sitzen irgendwo fest. Vielleicht hinter dem Stein, der stopft innen alles zu.

„Katrin, was ist los?" Mama steht in der
halboffenen Tür, schließt sie hinter sich
und setzt sich auf die Bettkante. Sie
berührt ganz leicht Katrins Hand. „Was tut
dir denn weh?"

Katrin nimmt die freundliche Hand
und hält sich an ihr fest. Mama wartet
geduldig. Jhre Hand ist weich und warm.

„Jch bin nicht krank", sagt Katrin nach einer Weile. Dann steht sie zögernd auf, kramt in ihrer Schultasche und streckt Mama eine kleine Tüte entgegen.

„Ein Geschenk?" Mama lächelt Katrin so lieb an, daß der Stein in ihr ein wenig verrutscht. Der Ausgang für die Tränen wird frei. Katrin fängt an zu weinen.

„Oje", sagt Mama und nimmt sie in die Arme.

Mama läßt Katrin einfach weinen, und zwischen dem Weinen erzählt Katrin, was sie getan hat.

Heute morgen hat Mama ihr ein Fünfmarkstück mit in die Schule gegeben, einen Elternbeitrag für Fotokopien und Arbeitsblätter. Katrin hat das Geld schon auf dem Schulweg ausgegeben. Am Kiosk an der U-Bahn-Station.

„Vorgestern hab' ich die Haarspange zum ersten Mal gesehen", schluchzt Katrin. „Jch wollte sie unbedingt haben. Heute hab' ich sie gekauft, und in der Schule habe ich gesagt, daß ich das Geld morgen mitbringe."

Mama macht ein ernstes Gesicht und zieht langsam die Haarspange aus der Tüte. Sie ist lang und schmal und aus rotem Holz. Jn der Mitte ist ein bunter Clown aufgeklebt.

„Hübsch", sagt Mama. „Sehr hübsch. Aber was sollen wir nun mit ihr machen?"

„Zurückbringen kann ich sie nicht", erklärt Katrin unglücklich. „Das habe ich heute nachmittag schon versucht. Der Mann am Kiosk hat gesagt, ich soll ihn nicht nerven und ich soll meinen Bockmist ohne ihn regeln." Katrin reibt sich die Augen, weil sie schon wieder feucht werden.

Der Mann war richtig gemein. Aber eigentlich hat er ja recht, denkt Katrin. Jch habe den Bockmist gemacht, nicht er.

„Es tut mir so leid", sagt Katrin leise und versteckt ihr Gesicht in Mamas Pullover.

Mama streicht über Katrins Haare. Langsam und beruhigend, immer wieder. Bis Katrin auch die letzten Tränen geweint hat.

„Jch könnte dir die Haarspange abkaufen", meint Mama dann. „Nächste Woche brauche ich ein Mitbringsel für mein Patenkind. Wenn du einverstanden bist …"

Katrin hebt den Kopf und nickt heftig. Und ob sie einverstanden ist! Alles wird wieder gut. Das spürt Katrin ganz deutlich.

„Popp, Krach, Wumm!" sagt sie und seufzt erleichtert.

Mama lächelt. „Jetzt ist dir aber ein dicker Stein vom Herzen gefallen. Stimmt's?"

„Er saß überall", sagt Katrin. „Er war riesig."

Und dann muß sie plötzlich gähnen. Der Tag war so anstrengend und lang!

Platz für drei

Mama und Papa wollen heute abend ins Theater. Oma Josi soll auf Daniel und Verena aufpassen. Eigentlich ist sie Papas Oma, Daniel und Verena sind ihre Urenkel. Aber alle in der Familie nennen sie „Oma Josi".

„Wir brauchen kein Kindermädchen",
beschwert Daniel sich bereits zum dritten
Mal.

„Oma Josi soll nicht kommen", mault
Verena. Sie ist ein Jahr jünger als Daniel
und immer seiner Meinung. Zumindest
dann, wenn Mama und Papa einfach über
sie und Daniel bestimmen.

„Papperlapapp", sagt Mama. „Papa ist
schon unterwegs, um sie zu holen. Sie
kommt gerne, also freut euch gefälligst."

Daniel und Verena freuen sich aber nicht.
Wer kann das schon auf Kommando?

Beide mögen ihre Urgroßmutter sehr,
doch heute abend wären sie viel lieber
allein. Wann haben sie schon mal abends
das ganze Haus für sich? Mama und
Papa gehen selten aus. Oma Josi wird sie
bestimmt gleich ins Bett stecken, ein
Schlaflied singen und erwarten, daß sie
sofort einschlafen. Wie früher, als sie
noch zwei Köpfe kürzer waren.

Für Oma Josi ist irgendwann die Zeit
stehengeblieben. Oma Josi wird jeden

Tag kleiner, und ihre Urenkel werden jeden Tag größer. Aber das merken Urgroßmütter wohl nicht.

Als Oma Josi um halb sieben mit Papa in der Haustür steht, blinzeln Daniel und Verena sich zu. Sie ist wirklich sehr klein. Klein und ganz schmal. Neben Papa fällt das besonders auf.

Der klimpert jetzt nervös mit dem
Schlüsselbund, weil Mama noch Tee
kochen will. Oma Josi braucht nämlich zu
jeder Tages- und Nachtzeit eine Kanne
Tee.

„Wir müssen los", drängt Papa. „Sonst
fängt das Theater ohne uns an."

„Jch koche den Tee", sagt Daniel. „Jhr
könnt ruhig schon starten."

Oma Josi staunt Bauklötze.

„Jch bin kein Baby mehr", sagt Daniel.
„Tee kochen kann ich schon jahrelang."

„Jch auch", sagt Verena und trippelt auf
Zehenspitzen.

„Na gut", meint Oma Josi. „Koch mir
einen guten Schwarzen, und dann sehen
wir weiter."

Mama und Papa verabschieden sich.
Oma Josi geht in Richtung Wohnzimmer,
und Daniel marschiert mit seiner
Schwester in die Küche.

Den Ostfriesentee, den Mama
bereitgestellt hat, schiebt Daniel kurz
entschlossen beiseite.

„Das ist ein Wachmacher", sagt er.
„Oma braucht einen Müdemacher."

„Damit sie uns in Ruhe läßt?" fragt
Verena.

„Genau", sagt Daniel und kramt Mamas
Spezialmischung aus dem Schrank.
„Melisse und Johanniskraut, extra stark,
wirkt beruhigend und erleichtert das
Einschlafen", steht auf der Tüte.

Verena füllt das Teesieb und hängt es in die Teekanne. Daniel gießt das kochende Wasser darüber. Während sie den Tee ziehen lassen, schmieden sie einen Plan.

Und dann läuft erst einmal alles wie geschmiert. Oma Josi verzieht zwar das Gesicht, als sie den Tee probiert, doch sie sagt nichts dazu. Sie trinkt brav in kleinen Schlückchen die Tasse leer.

„Was machst du gleich?" fragt Daniel.

„Wenn wir schlafen …", ergänzt Verena.

„Mich ausruhen", sagt Oma Josi. „Jch

hatte heute nachmittag Besuch. Der hat mich ziemlich erledigt."

„Du kannst dich aufs Sofa legen", schlägt Daniel vor. „Wir können allein ins Bett gehen."

„Jch hole dir eine Wolldecke", sagt Verena. „Damit du es so richtig kuschelig hast."

„Ja, aber …", protestiert Oma Josi.

„Kein aber", sagt Daniel. „Heute abend sollst du es schön haben."

Oma Josi legt sich tatsächlich hin, das heißt, sie setzt sich in die Sofaecke und legt ihre Beine hoch. Verena deckt sie mit der Wolldecke zu, und Daniel rückt die Teekanne in greifbare Nähe.

„Na, so was", sagt Oma Josi. „Ihr verwöhnt mich ja richtig."

„Ein bißchen Musik?" fragt Daniel.

Oma Josi nickt.

Daniel legt die Spezialplatte von Mama auf; indische Flötentöne zum Entspannen, ganz ruhig, ganz leise. Also stinklangweilig. Zum Einschlafen!

„Und jetzt gehen wir ins Bett", sagt Verena. „Komm, Daniel."

„Halt, wartet doch", sagt Oma Josi. „Wann haben wir schon mal einen Abend zu dritt? Jhr trinkt erst noch ein Täßchen Tee mit mir."

„Kinder dürfen abends keinen Tee …", sagt Verena und schielt zu ihrem Bruder hinüber. Der zuckt ratlos mit den Schultern.

„Aber diesen Tee dürft ihr", sagt Oma Josi und schmunzelt. „Melisse und Johanniskraut, das können sogar Babys schon trinken."

Sie steht erstaunlich flink auf, holt zwei Tassen aus der Küche und ein Glas Honig.

Was sollen Daniel und Verena nun machen? Mit den Zähnen knirschen? Oder die Nasen rümpfen?

Nein, sie verraten sich nicht. Sie trinken Melisse und Johanniskraut mit Honig und bleiben lammfromm bei ihrer Urgroßmutter sitzen.

Die lauscht andächtig den indischen Flötentönen und sagt: „Du bist ein Schatz,

Daniel. Du hast genau das Richtige ausgesucht."

Daniel findet die Musik schrecklich. Wenn Mama diese Platte auflegt, flüchten alle sofort aus dem Zimmer. Sogar Papa!

Daniel stößt Verena heimlich mit dem Fuß an. Sie sieht nicht mehr besonders fit aus. Jhre Augen sind verdächtig klein. Er selbst war auch schon mal wacher …

„Komm, Verena", sagt er. „Wir müssen uns endlich ausziehen!"

„Laß mal", sagt Oma Josi. „Das eilt nicht." Sie gießt die drei Teetassen noch einmal randvoll. „Prost, Daniel! Prost, Verena!"

Daniel will diesen Tee nicht mehr trinken, und er will diese einschläfernde Musik nicht mehr hören!

„Prost, Oma Josi", sagt er schnell und trinkt seine Tasse in einem Zug leer. Damit Oma Josi zufrieden ist und er sich endlich ins Kinderzimmer verziehen kann. Sonst ist der elternfreie Abend vorbei, bevor er angefangen hat.

Daniel wirft Verena einen auffordernden Blick zu. Doch seine Schwester träumt mit halboffenen Augen vor sich hin.

„Komm, mein Mädchen", sagt Oma Josi. Sie rückt in die Sofamitte und hebt einladend die Wolldecke hoch.

Verena kriecht sofort in das angebotene Nest, legt ihren Kopf in Oma Josis Schoß und kuschelt sich unter die Decke.

„Es ist nicht zu fassen", brummt Daniel leise. „Sie pennt gleich."

„Willst du auch?" fragt Oma Josi und lüftet die andere Seite der Wolldecke.

Daniel weiß nicht, ob er auch will. Er weiß gar nichts mehr, seine Augenlider werden sooo schwer. Ach – verflixt und verpfiffen – er will nicht mehr kämpfen. Wozu denn und wogegen überhaupt?

Verena liegt auf der rechten Hälfte des Sofas, Daniel macht es sich auf der linken Seite gemütlich. Seinen Kopf legt er neben den Kopf seiner Schwester.

Das Sofa ist groß genug, die Decke ist groß genug, und Oma Josis Schoß ist auch groß genug. Obwohl Oma Josi so klein ist und ihre Urenkel so groß sind!

Bald schnurren Daniel und Verena wie zwei Kätzchen, die am richtigen Platz angekommen sind.

Und Oma Josi? Die macht auch ihre Augen zu und fängt an zu schnurren. So schön hatte sie es schon lange nicht mehr!

Anne Steinwart, 1945 in Steinheim geboren und aufgewachsen, war ein richtiger Bücherwurm. Daß sie selber Autorin wurde, kommt ihr heute noch abenteuerlich vor. Die ehemalige Rechtsanwaltsgehilfin schrieb viele Jahre „in die Schublade" – bis die Zeitschrift „Brigitte" 1984 einen ersten Sammelband ihrer Gedichte herausgab. Jnzwischen erschienen ein zweiter Gedichtband und mehrere Kinderbücher. Anne Steinwart lebt mit ihrer Familie in ihrem Geburtsort. Seit 1988 arbeitet sie als freie Autorin.

Klaus Puth, geboren 1952 in Frankfurt am Main, wollte ursprünglich Zoologe werden. Dank guten Zuredens seines Lateinlehrers („Puth, setzen, sechs") wurde er dann doch lieber Zeichner. Und das ist er bis heute geblieben.

Der bunte Lesespaß